OEUVRES

de

RODOLPHE ERNST

Faïences décoratives, Aquarelles

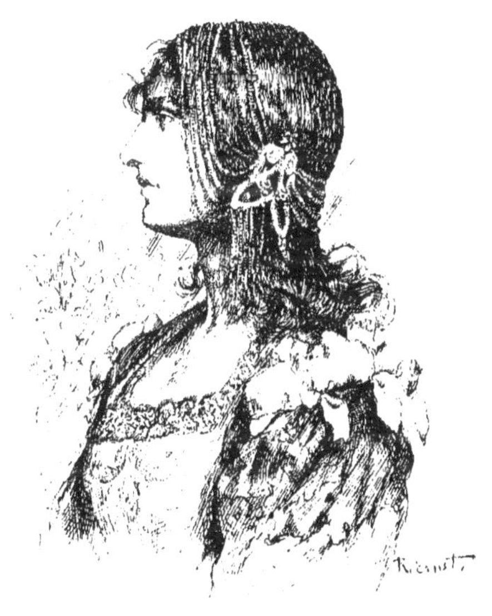

Exposition publique : le Mardi 3 Mai 1898

IMPRIMERIE MAULDE ET RENOU

MAULDE, DOUMENC & Cie

IMPRIMEURS DE LA COMPAGNIE DES COMMISSAIRES-PRISEURS

Rue de Rivoli, 144

CATALOGUE

ŒUVRES

DE

RODOLPHE ERNST

Faïences décoratives, Aquarelles

DONT LA VENTE AURA LIEU

HOTEL DROUOT, SALLE N° 10

Le Mercredi 4 Mai 1898, à 3 heures

Mᶜ Eugène BAILLY	M. B. LASQUIN
COMMISSAIRE-PRISEUR	EXPERT
9, rue N.-D.-des-Victoires, 9	12, rue Laffitte, 12

EXPOSITION PUBLIQUE

Le Mardi 3 Mai 1898, de 1 heure 1/2 à 5 heures 1/2

PARIS — 1898

CONDITIONS DE LA VENTE

Elle sera faite au comptant.

Les Acquéreurs paieront CINQ POUR CENT en sus du prix d'adjudication.

MAULDE, DOUMENC et Cᵉ, imprimeurs de la Cᵉ des Commissaires-Priseurs,
rue de Rivoli, 144.   800—73397

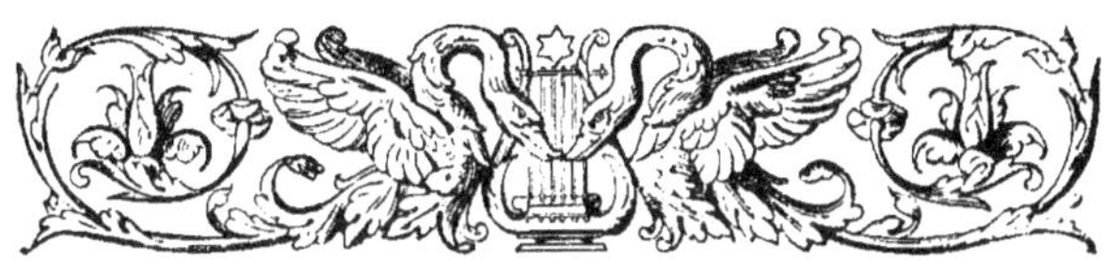

Je n'ai pas à dire ce qu'est Rodolphe ERNST ; depuis plus de vingt ans, il s'est fixé à Paris, après avoir achevé ses études d'art à Vienne et à Rome, et les Salons annuels ont reçu de lui des œuvres qui toutes furent des œuvres justement remarquées. Après avoir voyagé de l'est à l'ouest, du nord au sud, du Maroc à Constantinople et autre part encore, il s'était adonné aux *Orientales*, et il avait raconté, en des pages vibrantes de couleur et amusantes d'esprit et d'observation, tout ce qui avait frappé son œil impressionnable d'excursionniste intelligent.

Intérieurs et portes de mosquées, effets de nuit sur les bords d'un canal où se réfléchissent des dômes dorés, mendiants traînant, dans les rues ensoleillées, leurs nippes rapiécées, avec une majesté souveraine ; arabes figés dans une prière sans fin ; marchands offrant paresseusement leurs paniers ou leurs fruits à des passants indifférents ; tigres glissant sur le marbre des palais avec le calme de félins qui guettent une proie ; eunuques aux expressions bizarres, aux yeux vides de rêves, aux adolescences abruties et vaines ; femmes de lavoir à demi voilées, voilà tout ce que Rodolphe Ernst se plut, pendant un temps, à nous faire voir, dans une harmonie de couleurs très heureuse et une exactitude de détail qui ne manquait pas d'intérêt.

Aujourd'hui, le peintre revient à l'une des sources d'inspiration qui le sollicita le plus au début de sa carrière ; il se souvient des belles décorations qu'il exécuta pour MM. J. Kœnigswarter, le maréchal de Mac-Mahon, le duc de Castries, etc., et il arrive avec une œuvre nouvelle, éclatante, superbe, originale, non plus seulement œuvre de peintre, mais œuvre également de céramist ·.

Car le voilà qui demande au feu la révélation de couleurs dont les savantes recherches de M. Léon Fargue, lui ont permis de faire usage à coup sûr, même aux plus hautes températures. Le voilà, cet amoureux des chromatismes chauds et sonores, qui a en main une palette inédite, aux gammes extraordinairement variées, aux franchises de tons qui étonnent; le voilà qui, sous la transparence de l'émail, trouve un procédé de modelé qui lui laisse toutes les libertés de la peinture à l'huile, en lui permettant plus de somptueux éclats, plus de retentissantes lumières.

Il faut considérer ses faïences avec attention, qu'il s'agisse d'une ample composition faite de carreaux juxtaposés, ou d'un plat rond qui, accroché au mur, semble une fenêtre ouverte sur quelque rêve de jeunesse et de printemps, tout rutil nt de fleurs et d'émaux, ou

encore de têtes aux expressions souriantes, qui sauront
appeler, de toute leur secrète puissance décorative, l'enca-
drement dans les panneaux de quelques meubles d'art.
Il y a là une manifestation très neuve, très curieuse,
dont on va se disputer les éléments divers aux enchères
et que, plus tard, on recherchera comme des pièces pré-
cieuses de cet artiste éminemment doué pour tout ce qui
est l'art élevé, sincère, sans artifices, l'art qui a son reten-
tissement au fond de l'âme, et qui ne prend sa solidité
que d'une étude continue et d'une volonté constante, ten-
dant tout son effort vers le mieux.

Rodolphe Ernst, que rien de ce qui touche au beau ne
laisse indifférent, devait, à l'heure où tant de conquêtes
s'opèrent dans la voie de l'art, improprement appelé
décoratif, — je dis *improprement* parce que tout art,
par le fait qu'il est art, doit être décoratif, — Rodolphe
Ernst devait nécessairement apporter son concours
à l'édifice de la splendeur contemporaine, et ceux, qui
viendront voir la collection qu'on va disperser, juge-
ront comme moi que ce concours de l'artiste si labo-
rieux et si actif a été particulièrement fécond et heureux.

D'ailleurs, Ernst n'a pas voulu qu'on puisse croire
qu'il abandonnait complètement la peinture au bénéfice
de la céramique, et il a joint à ses magnifiques faïences
un certain nombre d'aquarelles dont le succès sera très vif.

Singulier tempérament que celui de cet artiste qui
réussit avec un égal bonheur tout ce qu'il touche, tout
ce qu'il essaie.

Peintre, céramiste, musicien, il connaît toutes les joies
que donnent les aspirations vers l'idéal ; dans la grande
lutte du talent contre les obstacles sans cesse renouvelés
que crée l'inspiration et qu'exige l'art, il a été superbe de
vaillance, de crânerie, parfois d'audace, le pinceau ou
l'archet à la main ; je me ferais un scrupule de me taire,
si la conscience que j'ai de la valeur de l'artiste ne répon-
dait à la vieille et profonde amitié que j'ai pour l'homme ;
mais je regarde l'œuvre dans le passé ; je regarde et je
constate le progrès dans le présent, et je ne puis m'em-
pêcher d'applaudir. Les amateurs, d'ailleurs, sauront,
par leur zèle à se faire adjuger les numéros de cette
collection, prouver que leur jugement s'accorde avec le
mien.

L. ROGER-MILÈS

FAIENCES DÉCORATIVES

1 — Pietro Lombardo, architecte vénitien.

H. 2m20. L. 1m

2 — Vénitienne

H. 0m80 L. 0m60.

3 — Orientale.

H. 0m80. L. 0m60.

4 — L'Innocence.

H. 0m80. L. 0m60.

5 — La Coquetterie.

H. 0m80. L. 0m60.

6 — Jeune Femme de la Renaissance en buste
de profil à gauche.

H. 0m40. L. 0m40.

7 — Savant en buste, costume Renaissance.

H. 0m25. L. 0m25.

8 — Artiste en buste, costume Renaissance.

H. 0^m25. L. 0^m25.

9 — Lion dans les ruines d'Égypte.

H. 0^m25. L. 0^m25.

10 — Jeune Femme en buste, costume Renaissance.

H. 0^m20. L. 0^m20.

11 — Jeune Orientale à mi-corps.

H. 0^m25. L. 0^m25.

12 — Derviche assis.

H. 0^m25. L. 0^m25.

13 — Cartomancien arabe.

Losange: H. 0^m35. L. 0^m35.

14 — L'Iris.

H. 0^m35. L. 0^m20.

15 — Le Lapidaire.

H. 0^m35. L. 0^m20.

16 — Le Joueur de Tambourin.

Losange : H. 0^m35 L. 0^m35.

17 — Buveur arabe.

H. 0^m25. L. 0^m25.

18 — Vieil Arabe en prière.

H. 0^m25. L. 0^m25.

19 — Seigneur vénitien en buste.

H. 0^m.20 L. 0^m20.

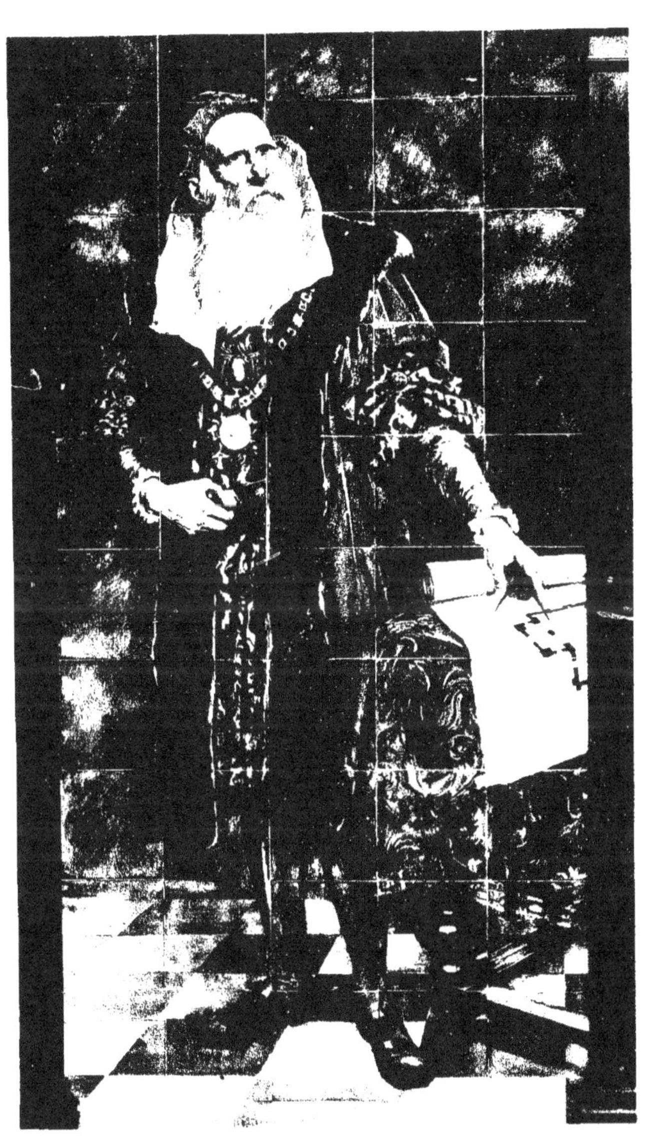

20 — Jeune Femme aux chrysanthèmes.

Losange : H. 0^{m}29. L. 0^{m}29.

21 — Riche Tunisienne.

Losange : H. 0^{m}35. L. 0^{m}3 .

22 — Joueuse de tambourin.

Losange : H. 0^{m}35. L. 0^{m}35

23 — Derviche hurleur, à mi-jambes.

H. 0^{m}25. L. 0^{m}25.

24 — Indien en buste.

H. 0^{m}25. L. 0^{m}25.

25 — Roches à marée basse.

H. 0^{m}25. L. 0^{m}25.

26 — Baigneuse.

Losange : H. 0^{m}35. L. 0^{m}35.

27 — Jeune Femme aux pivoines.

Losange : H. 0^{m}35. L. 0^{m}35.

28 — Marine.

H. 0^{m}09. L. 0^{m}25.

29 — Tète d'Enfant.

Ovale : H. 0^{m}30. L. 0^{m}22.

30 — Le Marchand d'esclaves.

H. 0^{m}40. L. 0^{m}40.

31 — Tête de Femme.

Plat décoratif : Diam. 0m50.

32 — Tête de Femme.

Plat décoratif : Diam. 50.

AQUARELLES

—

33   Arabe surpris par un lion.

H. 0m45. L. 0m61.

34 — Derviche mendiant.

H. 0m47. L. 0m32.

35 — Arabe buvant.

H. 0m48. L. 0m32.

36 — La Prière dans la mosquée.

H. 0m49. L. 0m32.

37 — Garde du palais.

H. 0m49. L. 0m33.

38 — Savetier arabe.

H. 0m49. L. 0m32.

39 — Le Narghileh.

H. 0m49. L. 0m32.

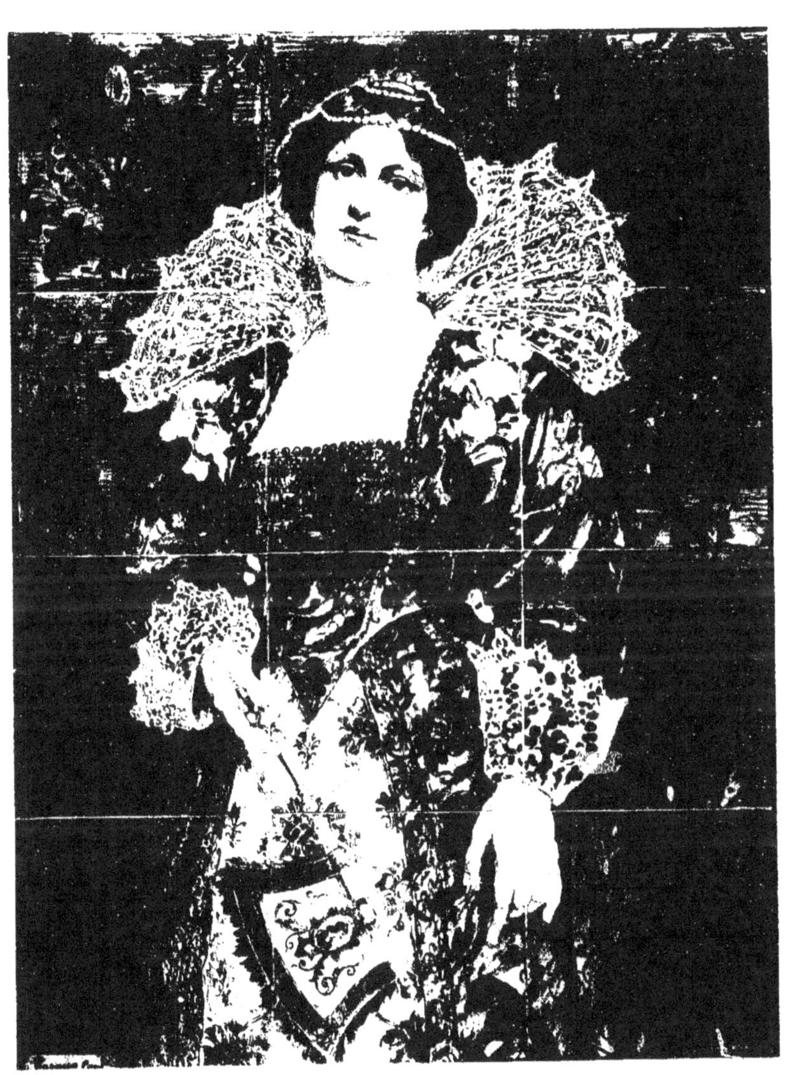

40 — Musicien arabe.

H. 0^m49. L. 0^m32.

41 — Garde endormi.

H. 0^m49. L. 0^m32.

42 — L'Arabe au tambourin.

H. 0^m49. L. 0^m32.

43 — L'Aveugle.

H. 0^m49. L 0^m32.

44 — Un Amateur.

H. 0^m49. L. 0^m32.

45 — Un Changeur public.

H. 0^m49. L. 0^m32.

46 — Lecture du Coran.

H. 0^m49. L. 0^m32.

47 — Nègre à la fontaine.

H. 0^m49. L. 0^m32.

48 — Fileuse.

H. 0^m49. L. 0^m32.

49 — Derviche hurleur.

H. 0^m49. L. 0^m32.

50 — Le Médecin public.

H. 0^m49. L. 0^m32.